366 dias
com o PADRINHO

PADRE CÍCERO JOSÉ DA SILVA (ORG.)

366 dias
com o PADRINHO

Dados Internacionais de Catalogação na Publicação (CIP)
Angélica Ilacqua CRB-8/7057

366 dias com o padrinho / organizado por Padre Cícero José da Silva. – São Paulo: Paulinas, 2021.

144 p : il, color. (Coleção Fé e Anúncio)

ISBN 978-65-5808-084-8

1. Reflexões 2. Fé 3. Peregrinos e peregrinações cristãs 4. Cícero, Padre, 1844-1934 I. Silva, Cícero José da II. Série

21-2335 CDD 234.2

Índice para catálogo sistemático:

1. Reflexões 234.2

1ª edição – 2021

Direção-geral: *Flávia Reginatto*
Editora responsável: *Andréia Schweitzer*
Copidesque: *Ana Cecilia Mari*
Coordenação de revisão: *Marina Mendonça*
Revisão: *Sandra Sinzato*
Gerente de produção: *Felício Calegaro Neto*
Capa e projeto gráfico: *Tiago Filu*
Imagens: *commons.wikimedia.org*
depositphotos.com

Nenhuma parte desta obra poderá ser reproduzida ou transmitida por qualquer forma e/ou quaisquer meios (eletrônico ou mecânico, incluindo fotocópia e gravação) ou arquivada em qualquer sistema ou banco de dados sem permissão escrita da Editora. Direitos reservados.

Paulinas

Rua Dona Inácia Uchoa, 62
04110-020 – São Paulo – SP (Brasil)
Tel.: (11) 2125-3500
http://www.paulinas.com.br – editora@paulinas.com.br
Telemarketing e SAC: 0800-7010081

© Pia Sociedade Filhas de São Paulo – São Paulo, 2021

Apresentação

Para comemorar o sesquicentenário de ordenação sacerdotal do Padrinho da nação romeira, patriarca do Nordeste e apóstolo do Rosário, Padre Cícero Romão Batista, buscamos formas de oportunizar a participação dos romeiros e devotos, parte delas com o auxílio da internet, por causa do contexto atípico da pandemia de Covid-19, que fez milhares de vítimas pelo mundo.

Nessa travessia, no entanto, não estivemos sozinhos. Fomos acompanhados por 366 frases publicadas em nossas redes sociais para estimular reflexões individuais e comunitárias sobre a vida, a fé e a missão do Padrinho. O compartilhamento delas correspondia à contagem regressiva para o Jubileu (30 de novembro de 2019 a 30 de novembro de 2020), expressando um conselho, uma virtude e até mesmo um pensamento ou inspiração nascidos do coração do Padre Cícero em seus momentos de silêncio e de oração.

"Não tem quem acabe com a romaria em Juazeiro. Foi um chamado da Mãe de Deus" foi uma das frases escolhidas. E há outras que são verdadeiras catequeses e orientações para a vida reta e digna: "Reze todos os dias, pela manhã e à noite, o seu Rosário" e ainda: "Meu amiguinho, seja honesto, tenha horror ao calote, e tenha escrupulosa pontualidade no pagamento das dívidas".

Com alegria, agora fazemos chegar às mãos dos leitores este tesouro garimpado com dedicação, entusiasmo e carinho, fruto de um trabalho coletivo para renovar as nossas forças, a nossa fé e a nossa esperança que vem de Deus, dando-nos a certeza de que ele está no comando de tudo.

Desejo, então, que estas páginas sirvam de ponto de partida para uma experiência de encontro com Cristo, de quem o próprio Padre Cícero Romão ouviu: "Toma conta deles!". Este pedido é a ação que nos move como "Igreja em saída", segundo o Papa Francisco na carta enviada à Diocese de Crato-CE por meio de seu secretário de Estado, o Cardeal Pietro Parolin: "A atitude do Padre Cícero em acolher a todos, especialmente os pobres e sofredores, aconselhando-os e abençoando-os, constitui, sem dúvida, um sinal importante e atual".

Que o ministério, a vida doada, o testemunho e a missão do Padre Cícero Romão semeiem em nosso coração o desafio de tomar conta do povo, impulsionados por essas 366 frases.

Frutuosa leitura!

Padre Cícero José da Silva
Pároco e reitor da Basílica
Santuário Nossa Senhora das Dores
Juazeiro do Norte, Ceará

Agradecimentos à Igreja de Crato-CE,
representada por seu pastor diocesano
Dom Gilberto Pastana de Oliveira,
à Pastoral de Romaria, às Irmãs Paulinas,
pelos dois anos de missão da livraria na terra
do Padre Cícero Romão Batista,
e aos que colaboraram
no decorrer do processo deste livro.

150 anos de ordenação sacerdotal do Padre Cícero Romão Batista

"É inegável que o Padre Cícero Romão Batista, no arco de sua existência, viveu uma fé simples, em sintonia com o seu povo e, por isso mesmo, desde o início foi compreendido e amado por este mesmo povo."

Cardeal Pietro Parolin,
Secretário de Estado de Sua Santidade,
o Papa Francisco,
em carta enviada à Diocese de Crato
em dezembro de 2015

366 frases
do Padre Cícero Romão Batista

1

Todo aquele que ensina
é portador de luz para os que não sabem.

2

Não esteja muito tempo na casa do homem
que, ainda que ele o deseja, prefere sempre
ser desejado, ao ser aborrecido.

3

Não tem quem acabe
com a romaria em Juazeiro.
Foi um chamado da Mãe de Deus.

4

Em vez de me afligir,
estou contente de sofrer alguma coisa
por meu Deus.

5

Todo bem, ainda os mínimos, vem de Deus;
e de todo mal Deus é quem nos livra.

6

Um homem deve escolher um amigo
que seja melhor que ele.
Tê-lo pior é pior que não ter ninguém.

7

Aquele que, com absoluta confiança
e sem reserva alguma,
se entrega à mercê de seus amigos,
não tem necessidade de inimigos
para ser desgraçado.

8

Nada há tão delicado como a amizade:
sua sensibilidade é extrema, um nada a afeta,
a reserva a fere, a desconfiança começa.

9

Vocês podem percorrer o mundo inteiro,
tendo-se evaporado as águas do mundo,
sem encontrar um copo d'água
para matar a sede.
Venham a Juazeiro
e aqui encontrarão o que beber.

10

Se acaso chegar a hora das trevas contra mim,
eu mesmo não quero fugir da cruz.

11

Não basta conquistar a sabedoria,
é preciso usá-la.

12

A pessoa que nega os pecados
recebe a maldição de Deus.
O padre absolve, mas não voga.
Ele absolve porque ele não adivinha
pensamento de ninguém,
mas Deus está vendo a sua má intenção,
por isso ele a amaldiçoa.

13

Se os maus tivessem todo poder
sobre os bons, o mundo já era, desde muito,
composto só de demônios
se devorando uns aos outros.

14

Angustiado por tanta aflição,
nem sei dizer o que sinto.

15

Reze todos os dias,
pela manhã e à noite, o seu Rosário.

16

Nunca é tarde para cuidarmos
da nossa salvação.

17

Não são os grandes planos que dão certo,
mas os pequenos detalhes.

18

É preciso dar o primeiro passo
e o resto o nosso bom Deus fará.

19

Meu amiguinho, seja honesto,
tenha horror ao calote
e tenha a escrupulosa pontualidade
no pagamento das dívidas.

20

Não se esqueça de rezar o
Ofício das Almas do Purgatório
todos os dias com a família reunida.

21

Sem educação humana e religiosa
não há agremiação que progrida
e que seja útil a si, à família,
à sociedade e à pátria.

22

O papa não faz nada
sem a determinação de Deus.

23

Só se paga promessa,
quando de fato há cura.

24

A Beata Maria de Araújo era uma santa,
sua vida foi uma maravilha da graça de Deus.

25

Tu não vês um pé de árvore florar
e depois ficar cheio de frutas?
Não vês as coisas nascendo umas das outras?
E por que não pensar que isso tem um autor?
O autor disso é Deus.

26

Os ricos, se quiserem ganhar o Céu,
é só viver se confessando,
comungando, rezando,
praticando a caridade,
não andar fazendo mal a ninguém.

27

Os pais de família não ensinam mais
os filhos a rezar.
Os meninos se deitam e se levantam
da cama ou da rede sem rezar,
porque os pais não ensinam
nem ligam para ensinar.
E querem receber os dons das mãos de Deus
sem fazer por onde.
Como é que essas crianças podem
pedir alguma coisa a Deus sem saber,
se os pais as criaram
como se criam os animais,
só comendo e brincando?

28

Que horror é a guerra!
Não há dúvida, é o começo do fim.

29

Sou padecente e resignado
com toda ingratidão.

30

O que eu quero, na nossa cidade,
é a vinda de gente que sirva para ajudar
o desenvolvimento da nossa cultura,
o progresso das artes
e tudo o mais que beneficie o nosso povo.

31

A Igreja somos nós,
não é só os padres, não.

32

Quando os homens quiserem ser mais sabidos
do que Deus, Deus mudará os tempos.

33

O homem que casa, eu digo a vocês,
deve dar graças a Deus de ter
sua companheira ou esposa.

34

Nós devemos nos confessar aos oito anos,
antes que o demônio tome conta
de nosso coração.

35

Respeitai os vossos pais,
os vossos bons progenitores.
Desprezai as coisas vis.
Orai a Deus com louvores.
Lutai contra a vil avareza.
Franqueai toda a pobreza,
o vosso próximo e os devedores.

36

Todo brasileiro tem direito de reclamar.

37

Os romeiros não são maus.
Todos eles são nossos.
Por isso mesmo aqui [Juazeiro]
virão até a consumação dos séculos.

38

Meus amiguinhos, não nego,
o mundo vai acabar.
Quem não crê em Jesus Cristo,
não poderá salvar-se.
Quem despreza o nosso Deus,
são tristes os lamentos,
no hades há de chorar!

39

Meu amiguinho, dê a seu pai
chá de batata, cávola
e velame muito tempo,
de manhã e de noite.

40

Só o Sagrado Coração de Jesus
pode nos salvar e suprir tanto abandono.

41

Deus é dono de todas as coisas
e dirige o homem por caminhos
que só ele sabe.

42

O tremendo flagelo da fome apresenta-se
diante dos meus olhos
com todos os seus horrores;
só um milagre nos poderá salvar.

43

O pecado é sempre funesto
em todo mundo.

44

Quem reza o Rosário com devoção
está livre de qualquer mal,
porque mesmo querendo
o inimigo prejudicar,
Nossa Senhora das Dores intervém,
evitando qualquer desgraça.

45

A cachaça é um poderoso enviado.
Agente de Satanás.

46

Não preguei às escondidas,
e Nosso Senhor me justificará.

47

Não derrube o mato,
nem mesmo um só pé de pau.

48

Não toque fogo no roçado
nem na Caatinga.

49

Não cace mais
e deixe os bichos viverem.

50

Não crie o boi nem o bode soltos;
faça cercados e deixe o pasto descansar
para se refazer.

51

Faça uma cisterna no oitão de sua casa
para guardar água de chuva.

52

Não plante em serra acima
nem faça roçado em ladeira
que seja muito em pé;
deixe o mato protegendo a terra
para que a água não a arraste
e não se perca sua riqueza.

53

Represe os riachos de 100 em 100 metros,
ainda que seja com pedra solta.

54

Plante cada dia pelo menos
um pé de algaroba,
de caju, de sabiá ou outra árvore qualquer,
até que o sertão todo seja uma mata só.

55

Aprenda a tirar proveito
das plantas da Caatinga:
a maniçoba, a favela e a jurema;
elas podem ajudar a conviver com a seca.

56

Se o sertanejo obedecer a estes preceitos,
a seca vai aos poucos se acabando,
o gado melhorando
e o povo terá sempre o que comer.
Mas, se não obedecer, dentro de pouco tempo
o sertão todo vai virar um deserto só.

57

Com Deus não se pode.

58

Temos direito de reparação
diante de Deus.

59

O príncipe do mundo é Lúcifer,
e a autoridade dos que governam
sabe transformar em instrumento
de perseguição.

60

Nada é oculto
que não se descubra.

61

O Pai Eterno se arrependeu de ter acabado
com o mundo de uma só vez.
Agora, vai acabar é de pedaço em pedaço,
é de tempo em tempo;
um pedaço aqui e outro acolá,
um com fome e outro com peste,
um com tempestades
e outro com inundações,
e outros com guerra
e outro com tremores de terra.

62

Conselho às moças:
ninguém pode confiar nos homens de hoje.

63

Somente a ambição se atreve
a perturbar o direito alheio.

64

Era assim que os padres deviam fazer:
prestar atenção à vida de São Pedro
e fazer o que ele fez.
São Pedro fez a comunidade,
quem tinha mais repartia
com os que não tinham
e era uma união entre os cristãos
que fazia gosto.

65

Vocês que vêm de terras distantes...
sofrendo privações, a fome, a sede,
o sol e as intempéries dos longos caminhos,
tudo por amor para visitar Nossa Senhora
das Dores e o Padre velho do Juazeiro,
fiquem certos de que a Mãe de Deus
recompensará a todos.

66

Que, em cada casa,
haja uma oficina e um oratório.

67

Ânimo! Deixem tudo que Deus não quer!

68

Com sua família, rezem todos os dias
seu santo Rosário, se entregando a Deus
e a Santíssima Virgem para lhes guiar
e governar nesta e na outra vida.

69

Deus está sobre tudo,
e é a Providência até das folhas
que caem das árvores,
quanto mais de nós que somos seus filhos.

70

Todos ainda podem ser santos,
caso assim queiram
e obedeçam ao chamado de nosso bom Deus,
que, ainda mais do que nós,
nos quer fazer santos com ele no Céu.

71

Haverá de chegar o tempo em que
de quatro pés só ficam na terra cadeira
e banco ou então algum móvel.
Os bichos morrerão tudo,
no tempo da seca do sol escuro.
Nesse tempo, será muita sala e pouca fala,
muitos chapéus e poucas cabeças,
poucos moços e alguns velhos,
muita peste e pouco rastro.

72

Se acaso chega a hora das trevas contra mim,
eu mesmo não quero fugir da cruz
ou do que tiver decretado a Providência;
e, se ainda não chegou
e ele (Deus) me guarda,
é por mim, quem será contra mim?

73

É uma consolação falar
com quem já sabe sentir.

74

Minha consciência nunca me acusou
de ter desobedecido.

75

Ninguém pode ter um bom fim
fazendo o mal.

76

O que lucra quem mata os outros?
Fica maldito de Deus, sujeito a grandes castigos
e até condenado ao inferno.

77

Desde a minha ordenação,
mesmo durante o pouco tempo
em que fui vigário de São Pedro do Crato,
nunca recebi um real sequer
pelos atos religiosos que tenho praticado
como sacerdote católico.

78

Dom Quintino foi sempre um padre
virtuoso e inteligente.
Conheci-o desde que chegou ao Cariri,
ainda muito moço,
para ser coadjutor do vigário
de Missão Velha.

79

Dom Quintino foi,
muitas vezes, meu hóspede
e sempre o estimei de coração.
Se, em relação a minha pessoa,
cometeu alguma injustiça,
nem por isso deixou de ser um justo.

80

É uma grandessíssima calúnia dizer
que tenho revoltas contra a Igreja.

81

Eu nunca tive dúvidas sobre a fé católica;
nunca disse nem escrevi,
nem em cartas particulares,
nem em jornais, nem em qualquer escrito,
nenhuma proposição falsa, nem herética,
nem duvidosa, nem coisa alguma
contra o ensino da Igreja.

82

Nunca disse nada contra o ensino da Igreja
e da moral cristã.

83

Sempre perdoei, por amor de Deus
e da Santíssima Virgem,
a todos que me fizeram mal,
consciente ou inconscientemente.

84

Graças à bondade e misericórdia
de Nosso Senhor Jesus Cristo,
minha fé na doutrina ensinada
pela Santa Igreja é viva,
inteira e pura, pela qual,
ajudado nas graças divinas,
darei, se preciso for, a própria vida.

85

Eu condeno tudo
o que a Santa Igreja condena,
sigo tudo que ela manda
como a Deus mesmo.

86

Façam de mim o que quiserem.
Não quero ter vontade.
Faça-se em tudo a vontade de Deus.

87

O que Deus não quer
o diabo não enjeita.

88

Manda quem pode
e obedece quem deve.

89

Quem rouba vai para o inferno.

90

Nunca pensei, nunca quis
nem quero causar desgosto a pessoa alguma.
Deus sabe.

91

Ninguém tem o direito
de ofender o seu semelhante.

92

Só Deus tem o poder de tirar a vida
de suas criaturas.

93

A mentira é filha do diabo,
e o mentiroso seu encarregado.

94

Preparemo-nos para o Céu,
que lá, sim, seremos felizes.

95

A gratidão, com certeza,
é uma virtude do Céu.

96

Para ganhar o Céu, é preciso ter caridade
e não invejar nada de ninguém.

97

Sabemos que promessas humanas
nada valem, quando não são filhas da fé.

98

O Pai Eterno não tem corpo,
ele é puro espírito,
ele é como o vento que existe
e vaga entre nós e nós não vemos.

99

O sacrifício individual tem sido,
muitas vezes, a salvação.

100

Quem foi, meus amiguinhos,
que já viu o vento?
Ninguém nunca viu,
mas ele está aí toda hora entre nós,
assim como está Deus entre nós.

101

Deus é Criador de todas as coisas,
ainda que as mínimas.

102

O homem e a mulher
só encontram a salvação para a alma
por meio de uma vida honesta.

103

Aspiro a um cantinho esquecido e
desapegado de tudo, cuidando só de salvar-me.
Só Deus basta.

104

Desejaria que Nosso Senhor me condenasse,
contanto que remediasse a salvação
de tantas almas.

105

Só na velhice,
pelas sinceras palavras de lealdade
durante toda a vida do homem, é que se pode
ter a convicção da verdadeira amizade.

106

Deus nunca deixou trabalho sem recompensa
nem lágrimas sem consolação.

107

Doença nervosa
se cura com a intuição.

108

Aproveito o ensejo para pedir a todos
os moradores desta terra, o Juazeiro,
muito especificamente aos romeiros,
que, depois da minha morte,
não se retirem daqui nem a abandonem.

109

A bondade do Sagrado Coração
de Nosso Senhor
é infinitamente maior do que a maldade
dos perseguidores.

110

A gente fecha a porta é com o Rosário
da Mãe de Deus.

111

A calúnia e a má vontade,
que não respeitam ninguém,
há muito me perseguem e me fazem vítima.

112

A caridade não é só dar o que tem,
não, meus amiguinhos,
é também não irar os outros.

113

Nunca cometi nem alimentei embuste
de espécie alguma.

114

Se vir uma pessoa pobre, que nada tem em
casa, com um doente, vá e varra a casa,
bote água nos potes, lave as roupas,
ajude à noite a fazer sentinela ao doente,
com todo o silêncio, para não o incomodar
e para ajudar a dona da casa ou o dono,
para que eles possam dormir.

115

A virtude está em suportar os maus.
Os bons já são suportáveis por natureza.

116

A Eucaristia é o próprio coração de Jesus.

117

Os ricos botem no hospital
os pobres para se tratar
ou levem um médico para receitar o doente.
Tudo isso é caridade.

118

O Juízo Supremo castiga severamente
os que transgridem seus divinos ensinamentos.

119

Sou sempre o mesmo amigo
lhe desejando todo o bem.

120

As coisas de Deus vão devagar,
e se peça tudo com perseverança
que ele cumprirá a sua palavra.

121

Moça casa até sonhando.

122

O casamento religioso
é um sacramento indispensável.

123

Quem matou não mate mais.

124

Toda pessoa que tem Deus
como escopo se salva.

125

Para ganhar o Céu, é preciso ter caridade.
E, quando se vir um aperreado,
ajudar em seus sofrimentos.

126

Alguns se têm regenerado
e hoje são fazendeiros, criadores,
pais de família honrados e úteis à sociedade.

127

Deus está no Céu. Eu não sou Deus.

128

Mãe de Deus, Mãe nossa,
por que perseguem
tanto as humildes pessoas?

129

Sem a unidade da fé é impossível a vitalidade,
a grandeza e a inexpugnabilidade
de um povo.

130

Sejam fiéis em rezar cada dia
o Rosário da Mãe de Deus,
mesmo andando pelas estradas,
mesmo doentes.
Não deixem de rezar um só dia.

131

Quem roubou
não roube mais.

132

Quem mentiu
não minta mais.

133

Os conselhos que sempre dei em minha vida
não me canso de repeti-los aqui,
para que, depois da minha morte,
bem gravados fiquem na lembrança deste
povo, cuja felicidade e salvação sempre foram
objetos da minha maior preocupação.

134

Tudo fica aí e nós vamos como Deus
vê que somos.

135

Este menino [Padre Azarias Sobreira]
vai ser padre e é ele que um dia vai explicar
a questão religiosa de Juazeiro.

136

Estou certo de que vamos todos
para a eternidade
e de que lá serão recompensados
os que sofrem as injustiças do mundo.

137

Eu, já velho como estou, me conformo
e não me incomodo mais
com as injustiças do mundo.

138

Deus é o autor absoluto
de todo bem e de toda graça.

139

Somente a ambição se atreve
a perturbar o direito alheio.

140

As grandes ideias encontram embaraços
no seu começo.

141

O Juazeiro tem sido e continua a ser
um local de romarias.

142

Peça tudo com perseverança
que Deus cumprirá a sua palavra.

143

Com oitenta e sete anos,
já enxergo tão pouco,
que já não posso escrever com a própria mão.
Uma catarata me cobre o olho direito;
já por ele não enxergo nada.

144

Aconselho sempre, como amigo,
que deixe essas leviandades
que não lhe servem.

145

É certo: os discípulos não podem ser
melhor julgados que o mestre.

146

Há generosidade que não se pode
nem se sabe pagar.

147

Sou padecente e resignado
com toda a ingratidão.

148

Quem bebe obedece a Satanás;
e quem obedece a Satanás não se salva,
vai para o inferno.

149

Para uma nação jovem
e despovoada como a nossa,
as atividades constantes de cada cidadão
representam um valor inestimável
ao impulsionamento do seu progresso.

150

Muita gente reza o Rosário da Mãe de Deus,
porém, poucos são os que sabem
do valor e da força do mesmo.

151

Deus castiga esses homens que se enriquecem
com o suor dos pobres
e ainda os descompõem.

152

Se eu fosse um padre novo neste tempo,
eu iria pedir ao papa que ele desse
licença aos bispos para comprarem terras
com o dinheiro da Igreja,
e as arrendaria bem barato para o povo,
porque o dinheiro da Igreja pertence ao povo.

153

A terra atualmente
está cheia de falsas religiões,
de falsos profetas e de falsos cristãos,
que são esses homens que se fazem de padres
sem ser ordenados na Lei de Jesus Cristo.

154

Se vier para o Ceará,
venha conformado com a vontade de Deus
e com o destino de trabalhar.

155

O demônio nunca deixou de procurar
destruir toda a obra de Deus.

156

Oremos e celebremos a Mãe das Dores
por essa pobre humanidade que nem sabe
o que faz nem vê para onde marcha.

157

Eu nunca combino com revolução.

158

Quem ouvir e não obedecer à Igreja
deve ser tido como pagão e publicano.

159

Fora da Igreja não há salvação.

160

Eu não quero absolutamente luta
nem questão com ninguém
e muito principalmente
com os meus superiores.

161

Ninguém pegue o que é alheio,
ainda que seja uma simples agulha.

162

Faremos o que puder
e Deus provará que é obra sua.

163

O demônio não dorme,
e a casa onde há o baixo emprego de delator
não goza de paz.

164

As ambições e os elementos corrosivos
movem os que governam.

165

Há emergências na vida pública
em que a definição do pensamento
e a justificativa da intenção
se tornam impossíveis.

166

Depois de uma infelicidade,
as desculpas não remediam coisa alguma.

167

Já estou cansado dessas questões de terra;
já peço a Deus que me livre delas.

168

Tenho feito e continuo a fazer propaganda,
quando me é possível, para que,
na nova organização do nosso país,
predominem os ensinamentos
da nossa santa religião,
cujos princípios são os únicos
capazes de regenerar a nossa sociedade
em processo decadencial.

169

Muitas vezes, conclusões intempestivas são
irrefletidamente tiradas do silêncio
a que a conveniência obriga.

170

Muito pode a calúnia
feita e movida com audácia.

171

Nosso Senhor Jesus Cristo
fez o bem e morreu na cruz,
quanto mais quem pratica o mal.

172

Perdoem. E ainda que as nossas paixões não
queiram perdoar, perdoem, porque Deus,
nosso Pai, que é dono de nós, manda;
e é preciso, para nos salvarmos,
que perdoemos aos que nos ofendem.

173

Nossa cidade é muito perseguida e invejada.
O motivo disso é que nós temos aqui
coisas que nenhuma outra
parte do mundo tem.

174

Não há mais dúvida
de que a religião boa é a nossa,
a Católica Apostólica Romana.

175

Precisamos de um nacionalismo
inteligente, sadio, sem embargo de espírito,
de cordialidade, de fraternidade mesmo,
que deve existir entre as nações,
unindo os povos.

176

Cada cearense deve ser uma trombeta
na imprensa e em toda parte,
gritando com toda força,
pedindo socorro
para o grande naufrágio do Ceará.

177

Só quem viveu 1877 entre nós,
pode avaliar o que seja o flagelo
das secas nos sertões do Norte.

178

Apesar das bruscas mutações
da política cearense,
sempre procurei conservar-me
em atitude discreta, sem "apaixonamentos",
evitando sempre as incompatibilidades
que pudessem determinar choques
de efeitos desastrosos.

179

Os velhos não podem dizer tudo
quanto sentem.

180

Não tenho ascendentes vivos
nem tampouco descendentes,
e, assim, julgo poder dispor dos meus bens,
que se acham livres e desimpedidos,
de acordo com as leis do meu país.

181

Neste mundo, durante toda a minha vida,
quer como homem, quer como sacerdote,
nunca, graças a Deus,
cometi um ato de desonestidade,
seja sob qualquer ponto de vista
que se possa encarar.

182

Sejam sempre obedientes às autoridades civis
e da Santa Igreja Católica Apostólica e Romana.

183

A bondade do Sagrado Coração
de Nosso Senhor
é infinitamente maior do que
a maldade dos que nos perseguem.
E ele quer mais a nossa felicidade
do que nós a desejamos.

184

A prudência dos velhos,
o respeito e temor a Deus
é que devem governar a todos.

185

Tempos virão, meus amiguinhos,
que o Norte vai virar Sul, e o Sul, Norte.
Quando este tempo chegar,
em vez de vocês irem para lá,
eles é que virão para cá.

186

Orem por nós todos
ao Sagrado Coração de Jesus,
manso e humilde, para que nos ensine a viver
por ele com paciência.

187

Insistindo, peço, como sempre aconselhei,
aos trabalhadores e crentes,
amigos uns dos outros,
que sejam obedientes e respeitadores das leis
e autoridades civis e da Santa Igreja Católica
Apostólica Romana, no seio da qual
tão somente pode haver felicidade e salvação.

188

Graças a Deus, tenho a consciência
de não ter cometido crime algum.

189

Tenho sido sempre obediente
a meus superiores,
como Deus e todos que me conhecem
são testemunhas.

190

A obediência é tão importante para o cristão
que, se um anjo de luz viesse ensinar doutrina
contrária ao ensino tradicional da Igreja,
qualquer de nós teria o direito
de cuspir-lhe no rosto,
porque este anjo não seria mais nem menos
do que o demônio mascarado.

191

Não quero de forma alguma sustentar
nem defender os fatos ocorridos em Juazeiro,
quando já declarei e torno a declarar que,
uma vez que a Suprema Congregação
do Santo Ofício os condenou e reprovou,
eu os condeno e reprovo obedecendo,
sem restrição nem reserva,
à sua decisão e decretos, como filho submisso
e obediente à Santa Igreja.

192

Meu regulamento até hoje
é não ter regulamento.

193

Propagaram contra mim
tanta calúnia e inverdades,
que nunca sequer pensei produzirem
tantas prevenções contra mim.

194

Tomei o propósito,
desde o começo desta enorme perseguição
contra mim, de entregar tudo a Deus
e a Nossa Senhora das Dores
e de não me defender de coisa alguma.

195

Estou achando tão desconfortante
essa perseguição que me obriga
a andar como vagabundo – sem eu,
graças a Deus, ter cometido crime –,
sem casa, sem terra, à toa, só por maldade
e despotismo de homens sem consciência;
que não sei até onde irá tamanha opressão.

196

Nossa Senhora é quem tomará cuidado
e os guardará como Mãe e dona de vocês.

197

Só Deus e, por isso, orem;
e orem até que a bondade e o poder dele
se encarreguem de restituir a nossa paz,
que mãos tão sem caridade nos roubaram.

198

Abatido pelas adversidades da vida,
por golpes tão profundos que, só porque
Deus não quis, já não me tiraram a vida.

199

Eu já estou afeito e muito acostumado
aos rugidos dos demônios para incomodar-me
com estas zoadas que só aterram a quem não
sabe e só fazem mal a quem as faz.

200

E é certo: o bem que ele não nos dá,
não teremos; e do mal que não nos livrar,
virá sobre nós.
Fiat voluntas tua sicut in coelho et in terra.

201

Você poderá avaliar
quanto de sinceridade
têm as minhas palavras.

202

Eu aqui ficarei,
rogando a Santíssima Virgem das Dores
pela felicidade de todos vocês.

203

Como não posso sair
para converter o mundo todo,
quero ao menos, com este pequeno óbolo,
que Nosso Senhor aceite o nosso desejo.

204

[...] Penso que Vossa Excelentíssima
me concedendo,
eu alcanço bons resultados [...].

205

Na capela [...] nunca se esgotava em cada dia
o número de pessoas que, de todas as classes,
vinham se santificar, fazendo romarias
de devoção e piedade cristã
a Santíssima Virgem das Dores,
Padroeira da Capela,
a quem todos procuram e invocam
com a maior dedicação e espírito de fé.

206

[...] Morro de aflição e de angústia.
Gastei toda a minha vida,
desde a minha ordenação,
somente procurando a salvação dos outros,
sem me importar muito com a minha,
e ver uma coisa dessa [...].

207

[...] Não sei dizer o que sofro,
desejava de todo o coração
que Nosso Senhor me condenasse,
contanto que se remediasse
a salvação de tantas almas.

208

O Juazeiro é uma cidade da mãe
de Deus e foi ela quem me colocou aqui.
Nem satanás nem os homens do satanás
têm o poder para me tirar desta cidade,
a qual só deixarei quando completar
a salvação de vocês todos..

209

Insistindo, peço, como sempre aconselhei,
que sejam bons e honestos.

210

A amizade, quando é santa,
é um pedaço do paraíso na terra.

211

Morreu como viveu:
justo entre os mais justos.

212

[...] Como deve saber, em face
de minha qualidade de sacerdote,
em face da afastada vida que levo
e em face de minha idade,
não me é possível cuidar pessoalmente
da administração do município
e ter, constantemente,
a solução de muitos casos,
de toda ordem,
que impõe uma chefia política.

213

Tenho desejo de colocar um sacrário
em nossa pobre capela,
onde Jesus Sacramentado é verdade;
que, entre pobres e pequeninos,
onde falta tudo, nos console, nos anime,
nos fortifique.
É o nosso verdadeiro amigo.
Eu desejava fazer aqui um Céu
para sua morada.

214

Estou pronto [a ajudar no seminário],
ainda que esteja satisfeito com a vida
que levo entre este bom povinho
que me estima como pai.

215

O Sagrado Coração ajude a nossa fé,
que só um milagre pode salvar este povo,
que no "castigo" está, numa imagem viva
do povo judeu.

216

[...] Quem está sem esperança
é o pobre distrito de Juazeiro,
tão populoso e tão pobre, é o Jó do Cariri [...].
Abençoe a mim e a minha gente
e o povo que dirijo [...].

217

Por caridade e por Nossa Senhora das Dores,
que é dona deste lugar tão caro ao seu
Coração Sagrado, seja um instrumento
de que ela se sirva para nos salvar [da seca]...

218

E como posso ver este pobre povo
que amo tanto, como uma parte de minha
alma, desaparecer? Pesa-me mais
do que a morte, ou antes,
morro por cada um [...].

219

[...] O demônio os ilude e faz que achem
que perseguir a salvação dos habitantes
de Juazeiro, lhe ter ódio, desejar-lhe mal,
até a perdição eterna, é coisa boa e
zelo santo de santos pastores.

220

Os que seguiram Jesus Cristo e os discípulos
também fizeram assim,
se julgando zelosos e santos [...].

221

Se temos que esperar da Santíssima Virgem,
que com certeza a tomemos por Mãe Nossa
e nos entreguemos a ela cheios de confiança
na sua caridade de Mãe Poderosa,
para que nos defenda e nos livre
desses demônios humanos [...].

222

Recado à Beata Mocinha:
"Seja mansa com todos, e se aconselhem
umas às outras; tenham muita caridade
com minha mãe".

223

Juazeiro, a "terra da Mãe de Deus",
o "refúgio dos degredados filhos da terra".

224

É difícil ter amigos.
Até Cristo viveu três anos com Judas
para cima e para baixo...

225

Não tenho palavras para agradecer
tanta generosidade e prova de estima.
Peço a Santíssima Virgem que os recompense
por mim com generosidade de Mãe.

226

Posso afirmar que sou sincero
em meus sentimentos.

227

Na carta a Dom Luís,
primeiro bispo de Fortaleza:
"[...] Se lembre de mim diante de Deus,
principalmente no Santo Sacrifício da Missa,
farei sempre o mesmo [...]".

228

Aonde quer que chegue a notícia
de seus sofrimentos, não pode deixar
de contristar o coração humano
e de interessá-lo pela sua sorte.

229

Os perseguidos valem muito
por si mesmos.

230

Os perseguidos têm, pois, todos os elementos
para ser o povo rei do universo –
somente sujeitos ao Rei dos Reis,
que os predestinou
para as grandezas da terra e do Céu.

231

Não leveis a mal o interesse
que tomo pelo vosso povo.

232

Não sei quando terei a felicidade
de ir outra vez para o meio de todos
que me são caros.

233

A Providência, que se encarrega
até dos animais do campo
e de todos os seres da criação,
já por isso nos ensina
que só devemos dizer, sendo ele nosso Pai:
"Seja feita a vossa vontade
assim na terra como no Céu".

234

Algum dia, os que me fizeram tanto mal
hão de saber que não se persegue
os seus semelhantes impunemente [...].

235

[...] Fizeram como se fez com Joana d'Arc:
um processo para um resultado condenatório.

236

[...] Tinha assentado causa nenhuma
me arrancar do meu silêncio
e deixar à Providência e ao tempo
a solução dos meus negócios; porém,
o meu bispo tanta opressão me tem feito,
que resolvi recorrer ao Santo Padre.

237

O Cardeal Parrochi recebeu-me muito afável,
dizendo *recta onmia* e mais umas palavras,
e abençoou-me.
Fiquei realmente admirado e muito grato.
A Santíssima Virgem, por certo,
é quem fez tudo.

238

Graças ao nosso bom Deus,
tem dado algumas chuvas;
e, ainda que tenhamos perdido muita lavoura,
estou animado que não teremos fome.

239

O Sagrado Coração de Jesus
e as lágrimas de Maria falem por nós.

240

[...] Agora, graças a Deus que posso noticiar
que temos tido por aqui bom inverno,
os gêneros já baratos
e esperança de muita colheita,
que grande parte já está segura.
Nosso Senhor ouviu o clamor do seu povo!

241

Eu não sou nada,
tenho consciência do que sou.

242

[...] Temos aqui bons lugares
próprios para açudes
que podem ser aproveitados
e este pobre povo, tendo trabalho,
possa escapar.

243

Cada terra tem seu uso.

244

Padre Sóther,
se você tiver ainda aquela coragem
de vir confessar a minha velhinha
e santa mãe, sua confessada, venha;
e Deus é quem lhe paga a sua caridade.

245

Como sacerdote cristão,
tenho o sagrado dever
de prestar meu apoio moral,
ou, ao menos, de dar um conselho
a quem quer que me busque.

246

Sem nenhum recurso, empreendi levantar
uma igreja, não no Crato,
mas num povoadinho tão pobre
que nem eu mesmo sei como se fez.

247

Não acreditem no que propalam dizendo
que vou deixar esse lugar (Juazeiro).

248

Orem muito a Nossa Senhora das Dores.
Ela abençoe a todos.

249

Não sei até onde irá tamanha opressão.

250

Entrego-me nas mãos
de Nossa Senhora das Dores,
que ela me governe e me dirija.

251

Não desanime,
que espero na Santíssima Virgem,
que é a guarda de todos.

252

Santíssimo Padre,
por mim e por todos que sofrem
e pela salvação de milhares de almas,
vim depor, aos vossos pés,
as minhas súplicas e as minhas lágrimas [...].

253

Quando Deus quer, água fria é remédio.
Disponha sempre do Padrinho.

254

Juazeiro é o ponto principal
por onde convergem de todas as partes,
desde Alagoas até o Maranhão;
o ponto desejado e querido de todos.

255

Tudo quanto me é mais caro está em Juazeiro.
Posso dizer que está lá meu coração
e minha alma.

256

Fui nomeado capelão pelo Eminentíssimo
Senhor Cardeal Parrochi,
na Igreja de São Carlos, em Roma,
depois da absolvição do Tribunal;
e se eu ficasse em Roma,
me daria mais faculdades; mas,
como eu queria voltar para o Ceará [...].

257

Nunca desejei ser político; mas, em 1911,
quando foi elevado o Juazeiro,
então povoado, à categoria de Vila,
vi-me forçado a colaborar com a política.

258

Aqui tem sido um refúgio
dos náufragos da vida,
tem gente de toda parte que, modestamente,
vem abrigar-se debaixo
da proteção da Santíssima Virgem.

259

Exercite a generosidade
até nos pequenos gestos.

260

Depois da minha morte não se retirem daqui,
nem o abandonem [o Juazeiro];
que continuem domiciliados aqui,
venerando e amando sempre
a Santíssima Virgem Mãe de Deus,
único remédio de todas as nossas aflições.

261

Juazeiro ainda crescerá tanto
e irá ser uma cidade tão famosa,
que a posteridade a julgará.

262

19 de setembro [de 1898],
sendo chamado no Santo Ofício,
tendo feito ato de submissão,
que é devido aos seus decretos,
abriram-me de todas as penas
e censuras que me prendiam
e deram-me a ordem de celebrar
e de voltar para casa.

263

Sou filho de Crato,
mas Juazeiro é meu filho.

264

Onde está o nó e a espinha
é que ninguém sabe nem pode opinar.

265

É preciso endireitar tão grande falta,
enquanto Deus não se encarrega de puni-los.

266

Vamos acabar com isso
que é um mal muito sério.
Deus quer e eu exijo!

267

Vão se reconciliar com o seu vigário,
mesmo se confessarem com ele.

268

Nunca se meta, nem levianamente,
em coisa de fazer o mal.

269

É o sacerdócio de Deus que lhe reveste [...]
e deve ser um sacerdote de coração bom e
inteligente como você é;
Deus lhe chama e lhe quer um filho
bem-aventurado no Céu.

270

Ame a pureza e a nobreza
da sua vida sacerdotal.

271

Quero, de todo coração, vê-lo no Céu,
e é o sacerdote do Senhor.

272

Deus super omnia. Oremos ad invicem.
[Deus sobre todas as coisas.
Orem uns pelos outros.]
Peço-lhe que leia mais de uma vez e reflita.

273

Todos ainda podem ser santos,
assim, queiram e obedeçam ao chamado
de nosso bom Deus que, ainda mais do que nós,
nos quer fazer santos com ele no Céu.

274

Deus não muda;
a sua Lei é Verdade Eterna.

275

Não os repreendo
porque não tenho o poder
de tapar a boca do mundo.

276

Por aqui não temos revolução,
estamos em paz.
O que está fazendo horrores é a fome
e a seca que amedrontam tudo.

277

Em nome de Deus e da Santíssima Virgem,
venha nos trazer São Francisco
para o Juazeiro, fundando aqui sua casa
para salvar almas e um colégio
para ensinar a santa doutrina
no meio de uma grande população
que tem a melhor boa vontade para as coisas
de Deus Pai [...].

278

Assim eu tenho aconselhado
e aconselho a todos,
e os que são fiéis e perseverantes têm sido
guardados e livres pela Mãe de Deus,
que é nossa Mãe Poderosa
e guarda os seus filhos.

279

Fico triste quando vejo essa criançada
crescendo sem ter um ofício.

280

Rezem em espírito de fé e de verdade
como Deus manda.

281

E rogo a esses bons e veneráveis
servos de Deus, os padres salesianos,
que me façam esta grande caridade,
instituindo nesta terra uma obra completa.

282

Todos os romeiros aqui domiciliados
ou de pontos distantes,
como prova de estima e amizade a mim,
e em louvor a Virgem Mãe de Deus,
continuarão a frequentar
este meu amado Juazeiro
com a mesma assiduidade.

283

Os colégios [salesianos], nesta terra,
para todo o sempre,
serão a maior tranquilidade
para a minha alma na outra vida.

284

Como domingo, eu,
com o espírito tão cheio de amarguras,
desterrado em terra estrangeira,
sem ter, graças a Deus, cometido crime
e sem saber as aflições e privações de minha
mãe já no fim da vida, fui desafogar o coração
fazendo uma visita às Catacumbas
e à Basílica de São Sebastião.

285

No dia 12 de outubro, se Deus não dispuser
o contrário, pretendo tomar o vapor
de Gênova para Pernambuco,
onde muita satisfação terei de encontrar
já estabelecido e com saúde.

286

Passando no Coliseu [...]
Consolei-me pensando naqueles que,
por amor de Nosso Senhor, tinham sofrido até
a morte, e eu, se não tinha sofrido a morte,
minha alma, por amor de Nosso Senhor,
passava por angústias
como as de quem morreu.

287

Ajoelhei-me e rezei a Nosso Senhor
para que nos desse paz,
e creia que me lembrei de você.

288

Graças a Santíssima Virgem,
nunca ninguém se atreveu
a pôr em dúvida a nossa reputação.

289

Pelo amor de Deus, ajude-me a salvar-me,
obtendo que, ao menos, seja mantido
o que já me foi concedido,
de celebrar e continuar minha residência
no Juazeiro, em minha casa.

290

Só desejando e pedindo a Deus que,
como não posso ficar, me leve logo em paz,
que muito duvido me deixem mais gozar [...].

291

Apelamos para Deus
de tamanha impiedade.

292

Mas Deus assim os vê, e os que sofrem
há dezenove anos, esperando somente em
Deus o remédio, e pedindo que os converta
e nos livre deles, também sabem que um dia
assim serão julgados [...].

293

É um momento de desgosto
e a confiança de amigo,
que me fizeram escrever mágoas,
de tantas injustiças e ruindades.

294

Não tenho mais esperança
de que este mundo se faça melhor.

295

Resignado com a sua graça,
pretendo dizer sempre:
Fiat voluntas tua sicut in coelis et in terra.
Espero que o Sagrado Coração
não me deixará trair a sua causa,
ainda que custe mais [...].

296

Entrego à Providência e espero só dela.

297

São testemunhas todos os que me conhecem,
e Nosso Senhor é quem melhor sabe que,
por sua graça, nunca desobedeci,
nunca ensinei coisa alguma contra a doutrina
da Santa Igreja, nem quero o mal.

298

Os laços de estima que nos uniam,
quando aqui cheguei, como simples padre,
ainda permanecem em toda sua integridade.

299

É uma modesta homenagem, porém,
cujo real valor encerra-se
na pureza das minhas intenções.

300

Estou com medo de voltar,
vendo o espírito de perseguição
e a má vontade com que me consideram;
parece-me que só me vendo morto
ficavam descansados.

301

Sempre perdoei e perdoo
todas as calúnias e perseguições
com que procuram oprimir-me,
sem temor de consciência nem piedade.

302

Tenho é realmente medo,
já tão cansado de amarguras.

303

Eu nunca pensei ver tanta aflição
e desespero juntos.

304

Apresso-me em felicitar Vossa Excelência
pela lembrança inspirada de empregar
o único remédio que nos pode salvar:
a consagração desta Diocese
ao Sagrado Coração de Jesus.

305

Nosso Senhor acudiu com algumas chuvas,
e se o inverno seguinte começar cedo,
escaparão.

306

É uma aflição os horrores da seca.

307

Deus nos salve nos olhando
com nosso Pai que está no Céu.

308

Não fiz como ele [Dom Joaquim] queria;
começou a propagar-me
como desobediente [...].

309

Não me atrevo a dirigir-me
aos que governam; são políticos,
só com políticos se entendem.

310

Queremos uma Constituição,
para sermos uma nação livre,
mas tendo como princípio básico Deus.

311

Como amigo, me animo a ponderar-lhe
que a elevação de Juazeiro a Vila não trará
à marcha política do Crato
nenhuma perturbação.

312

No intuito de vê-lo impor-se
à real simpatia deste povo,
conseguiremos a decidida harmonia
entre todos
(Crato-Juazeiro).

313

A definição do pensamento
e a justificativa da intenção
se tornam impossíveis.

314

Deus e o amor da pátria
sejam vossos orientadores
neste momento decisivo.

315

Todo comentário injusto feito a si
será sufocado pela defesa espontânea
do povo agradecido.

316

Desculpe-me a franqueza, mas eu penso que,
no termo político,
os homens de verdadeiro valor,
por uma questão de patriotismo,
não têm direito de ser modestos.

317

Quem se confia a inimigos
nas suas mãos cai.

318

Perante Deus,
tenho minha consciência tranquila.

319

Em busca dos pecadores
é que devemos andar,
pois estes é que precisam de misericórdia.

320

Não prendi Lampião
porque não sou delegado de polícia.
Não me compete dar ordem de prisão
a ninguém.

321

Até o dia de hoje,
ainda não perdi uma hora de sono
por inquietação de consciência.

322

Deus ampara, mas não apara.

323

Para conviver,
do muito faça pouco
e do pouco não faça nada.

324

Deus há de ajudar;
que a sua obra firmada
por tantas contradições
dê frutos de vida.

325

Procurei ocultar o quanto pude;
o fato continuou a se reproduzir
por muito tempo.

326

As obras de Deus sempre
são assinadas com o cunho da adversidade.

327

Que o direito, a razão e a justiça
triunfem de tanta pretensão!

328

Se eu não queria nada do mundo,
agora ainda estou querendo menos.
(Roma, 18 de maio de 1898,
carta à sua mãe, Dona Quinô).

329

Só espero na bondade de Deus, que me quis,
em sua santa vontade, fazer passar
por tais ásperas privações,
que me dará a sua santa paz.

330

Orem para todos nós
ao Sagrado Coração de Jesus
manso e humilde, que nos ensina
a sofrer por ele com paciência.

331

Era bom que os padres fizessem,
em todas as cidades do mundo,
Casas de Caridade para acolher essas
mulheres desamparadas que vão ficar à toa,
sem esposos e sem filhos homens.

332

[...] Afligi-me muito com o caso.
Avisei a todos que tinham visto
que guardassem reserva
e não dissessem a ninguém.

333

Jesus Sacramentado é o nosso verdadeiro
amigo entre nós.

334

Tomei a toalha, purificando o lugar
onde tinha caído o sangue, e guardei-a
para não ser vista e evitar celeuma.

335

A Beata Maria de Araújo
chorava com a maior angústia;
mandei que fosse orar
em um lugar mais reservado.

336

Particularizo, desta maneira,
a aplicação, à minha vontade,
das importâncias, em dinheiro,
recebidas [por mim] para distribuir
na intenção de Nossa Senhora das Dores;
nunca me apoderei delas.

337

Sejam sempre bons e honestos,
pelo amor de Deus e de nossa Mãe das Dores.

338

Apesar das bruscas mutações
da política cearense,
sempre procurei conservar-me
em atitude discreta.

339

O meu amor à ordem foi tão manifesto, que,
a despeito da má vontade do partido
dominante para comigo, não hesitei em
atender o pedido da população desta terra e
autorizar que o meu nome fosse apresentado
para voltar ao cargo político deste município.

340

Os que aqui testemunharam
que a minha atitude era lastimar
as desastrosas consequências
dos erros políticos.

341

Em virtude de um voto por mim feito,
aos doze anos de idade,
pela leitura nesse tempo da vida imaculada
de São Francisco de Sales,
conservei a minha virgindade
e castidade até hoje.

342

O papel do penitente não é nem pode ser
travar discussão com o seu confessor,
porém, aceitar, humildemente,
o que este lhe diz em nome da Santa Igreja.

343

Se você deseja salvar a sua alma,
desista de questionar por tão pouca coisa.

344

A minha defesa quem vai fazer
é a própria Igreja; para tudo tem seu tempo.

345

Eu só não vou pedir ao bispo licença
para fazer uma Casa de Caridade
aqui em Juazeiro, porque ele não dá.

346

Estou informado
de que muitos de nossos inimigos
alimentam os mais diabólicos propósitos.

347

Os inimigos querem apoderar-se das donzelas
e saciar nelas seus baixos apetites.
Mas uma virgem cristã
põe fogo na própria roupa
antes de consentir numa tal monstruosidade.

348

Diante de Deus, o errado é exatamente
aquele que faz o que sua consciência reprova.
E é por isso que vivo tranquilo e certo de que
minha inocência um dia será reconhecida,
como a de Joana D'Arc.

349

Entregue ao pobre do seu vizinho
o que é dele.

350

Como cordas de ferro
estas dores me fazem sofrer muito,
prendendo-me os intestinos.

351

O método suaviza o trabalho
e economiza o tempo.
Sem ele, quem mais se apressa menos avança.

352

A melhor coisa que se faz na vida
é cada qual tratar de si mesmo.

353

Pode-se ter uma vida regular,
sempre que ela se procura
com uma vontade forte e constante.

354

A amizade finda
quando a desconfiança começa.

355

Senhora das Dores, Mãe de Deus,
excelsa e pura, filha do eterno Pai,
sois feliz criatura.

356

A amizade é um contrato tácito
entre duas pessoas sensíveis e virtuosas.

357

Amizade que pode acabar
nunca foi verdadeira amizade.

358

Deixemos em paz os meninos.
Eu até já sinto falta
quando não estão gritando lá fora.

359

Moça, ainda estando para morrer,
se lhe dissessem que o noivo vai chegar,
arranja o cabelo e faz um arzinho de saúde
para não parecer feia.

360

A mocidade fica cega quando está para casar,
e só recupera a visão três a cinco dias
depois do casamento.

361

Foi este o único caminho que encontrei
para continuar fazendo algum bem.

362

Se eu não tivesse tantos laços que me prendem,
nunca mais voltava ao nosso Brasil.

363

Ainda não pensei que havia de morrer,
mesmo sabendo que a morte
não poupa ninguém.

364

Eu perdoo a todos por amor de Deus,
e a Deus peço que perdoe a todos.

365

É necessário discernimento,
antes de contrair a amizade.
Confiança, depois de a contrair.

366

Do Céu pedirei a Deus por todos vocês.

Rua Dona Inácia Uchoa, 62
04110-020 – São Paulo – SP (Brasil)
Tel.: (11) 2125-3500
http://www.paulinas.com.br – editora@paulinas.com.br
Telemarketing e SAC: 0800-7010081